Jochen Weeber

Hühner dürfen sitzen bleiben

Jochen Weeber

Hühner dürfen sitzen bleiben

Mit Illustrationen
von Anja Reichel

PATTLOCH

Inhalt

1. Ferienbeginn – Hühner plus Eier 7
2. Post für Oma Baumbraun 11
3. Zwei plus drei Tafeln Schokolade 15
4. Pfannkuchen für den Ausreißer 19
5. Wo ist Peter? 23
6. Nachts im Hühnerstall 25
7. Hühner dürfen sitzen bleiben 31
8. Die Welt steht kopf 37
9. Toni 41
10. Der Banapfkirschtrone-Baum 47
11. Verwechslung 53
12. Das Duell 57
13. Der Brief und Verabredung
    im Freibad 63
14. Federleichte Leichtigkeit 69

1

Ferienbeginn – Hühner plus Eier

Könnt ihr euch vorstellen, dass man sich nicht auf die großen Ferien freut? Dass man keine Luftsprünge macht vor Freude? Nein? Dann passt mal auf:

Am ersten Tag der Sommerferien steht Peter Baumbraun frühmorgens auf. Er hat nicht sonderlich gut geschlafen. Nicht nur in dieser Nacht, auch in den Nächten davor.

Er zieht den Rollladen nach oben und steht mit einem Mal in der hellen aufgehenden Sonne. Die feine Wärme kribbelt auf seinen Wangen, die zerzausten braunen Haare schimmern im Licht. Er setzt sich an seinen Schreibtisch, nimmt einen Stift und ein Blatt Papier und tut, was er sich nachts überlegt hat. Nach einer Stunde ist er fertig – Blatt gefaltet, Umschlag zu, Briefmarke drauf.

Und dann fängt er wieder an zu rechnen. Ganz gleich, was er in letzter Zeit tut – ständig gehen ihm Rechenaufgaben durch den Kopf. Er kann einfach nicht anders. Wochenlang schon rechnet er mit allem, was ihm in die Quere kommt: Die Champignons auf der Pizza minus die Oliven. Die Hühner in Großvaters Stall plus die Eier. Die Kringel auf seinem Pullover mal die Tage, die er Sommerferien hat.

Peters Gedanken drehen sich im Kreis, und manchmal fragt er sich, ob er vielleicht gerade dabei ist, einen Dachschaden zu kriegen. Bis ihm wieder einfällt, was los ist:

Er hat im Zeugnis in Mathe schon wieder eine Fünf bekommen. Eigentlich dachte er bislang, er habe ganz nette Eltern. Aber zufällig konnte er neulich hören, wie sich seine Eltern über sein Matheproblem unterhielten:

„Er ist halt einfach keine Leuchte", sagte die Mutter, woraufhin der Vater ergänzte: „Noch nicht mal beim Kniffeln kann er ordentlich zusammenzählen."

Immer wieder in den letzten Monaten, wenn Peter nachts im Bett liegt und an die Decke starrt, kreisen seine Gedanken um diese eine Sache, um seine Mathenote und um das Gespräch seiner Eltern. Und dabei fühlt er sich stets ein bisschen wie eine Katze, der jemand ein Paar Flügel hingelegt hat und der zu ihr sagt: „Flieg!"

2

Post für Oma Baumbraun

„Post für Sie, Frau Baumbraun! Ich hab gedacht, ich klingel schnell", schallt es durch den Hof. „Steht drauf, es sei wichtig."

„Ach du liebe Zeit!" Lise Baumbraun steckt den Kopf aus dem Fenster. „Wichtig?"

„Hab's vor die Tür gelegt. Wiedersehen!"

„Wiedersehen", sagt sie und schiebt ein leises „Danke" hinterher. „Ah, von Peter!" Sie nimmt den Umschlag kurz unter die Lupe, dann hat sie ihn auch schon aufgerissen und fängt zu lesen an:

Mittwoch

Hallo, Oma, wie geht's Dir? Bist Du noch traurig wegen dem Opa? Ich bin gerade aufgestanden, aber ich habe gar keine Lust, was zu essen.

Geht's Dir auch manchmal so? Vielleicht schon. Wegen dem Opa, da ist Dir bestimmt nicht nach essen. Kann übrigens sein, dass ich gerade bekloppt werde. Weißt Du, was doof ist? Ich habe von Frau Schwarz-Mießler schon wieder eine Fünf in Mathe bekommen. Mist. Jetzt frage ich einfach mal gleich: Kann ich am Montag zu Dir kommen?
Du brauchst übrigens bitte, bitte nicht extra bei uns anrufen. Ich radle, sagen wir mal, um ungefähr halb neun los. Okay?

Dein Peter

Oma Baumbraun macht ein paar Mal leise „ts, ts, ts". Und wie immer runzelt sich ihre Stirn dabei wie ein Reibeisen.

Es vergehen keine zwei Minuten, da steht sie auch schon in der Stube und hält den Telefonhörer in der Hand.

„Hallo, hier spricht Lise Baumbraun", beginnt sie. „Es tut mir wirklich furchtbar leid, aber mir ist etwas Wichtiges dazwischengekommen. Ich kann am Montag nicht … Kein Problem, sagen Sie? Ach,

da bin ich beruhigt, Herr Pfarrer. Nicht dass Sie denken, ich hätte keine Lust. Es ist nur so, dass ich … Gut, in Ordnung! Mittwoch passt. Da bin ich aber froh, danke. Wiederhören!"

3

Zwei plus drei Tafeln Schokolade

Drei Tage später, es ist Montagmorgen um halb acht.

Obwohl Peter schon über eine Stunde wach ist, bleibt er noch liegen. Er wartet, bis unten die Haustür ins Schloss fällt. Dann hört er die beiden Autos wegfahren. Erst jetzt springt Peter aus den Federn.

Er zieht den Rollladen hoch und tapst vorsichtig die Treppe hinunter.

„Hallo?", ruft er. Der Dielenboden knarzt. Sonst bleibt alles still.

„Hallo? Mama …?"

Wieder keine Antwort. Jetzt ist er sich sicher: Die Luft ist rein. Es kann losgehen.

Peter geht in die Küche und fängt an, ein paar Sachen zusammenzupacken.

„Okay, eine Flasche Wasser – und noch Schokolade. Eine Tafel für mich und eine für Oma. Also zwei Tafeln nehme ich mit, und drei bleiben im Schrank. Zwei plus drei gleich fünf. Zwei mit Nuss, zwei ‚Weiße Crisp' und eine mit Krokant", plappert Peter vor sich hin, als er plötzlich einen ernsteren Gesichtsausdruck bekommt:

„Frau Schwarz-Mießler, wie viel Gramm sind das zusammen?", schwenkt er den Zeigefinger. „Hm? Wo bleibt die Antwort? Ein bisschen dalli, wenn ich bitten darf! Sie sind Lehrerin, das ist doch ein Kinderspiel für Sie."

Peter legt den Finger auf die Unterlippe, blickt grübelnd hoch zur Decke und lässt Frau Schwarz-Mießler antworten:

„Ähm, ja, das müssten also ... schwierig! Eine mit Nuss ist auch dabei, sagten Sie? Also, die mit Nuss mag ich ja besonders, Herr Baumbraun. Hach wie lecker! Nicht jede, aber die von ..." Sie bricht ab, weil Peter dazwischenfährt.

„Papperlapapp! Wie viel Gramm, will ich wissen. Nicht für die Schule, fürs Leben lernen Sie, das wissen Sie doch. Wie viel Gramm hat denn *eine* Tafel?"

„Eine Tafel hat, ich guck mal rasch nach ... tausend Gramm!"

„Tausend Gramm? Pah! Das wäre ja noch schöner. Hundert sind das. Eine Eins mit zwei Nullen!"
Langsam wird Peters Stimme ruhiger. Er kehrt wieder zurück in die Wirklichkeit. Blöde Rechnerei! Lieber weiter einpacken.
Eine Tafel für unterwegs und eine für Oma.

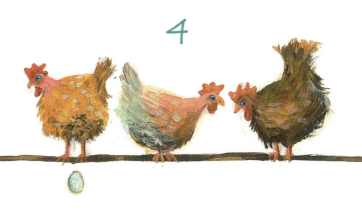

4

Pfannkuchen für den Ausreißer

Von den Hühnern ist heute Vormittag wenig zu hören. Erst als von der Straße her wildes Fahrradgeklingel ertönt, fangen ein paar von ihnen zu gackern an und erheben sich aufgeregt.

„Huhu!" Peter kommt mit quietschenden Bremsen um die Ecke. „Da bin ich, Oma!"

Oma Lise freut sich herzlich, ihren Enkel zu sehen. Und das sagt sie ihm auch direkt. Wie immer. Und sie drückt ihn fest an sich. Wie immer.

„Hast du meinen Brief …", will Peter wissen.

„Ja, aber sicher, hab ich bekommen. Vielen Dank!"

„Was machst du denn da gerade?", fragt Peter, nachdem er sein Fahrrad abgestellt hat.

„Was ich mache? Nach was sieht es denn aus?"

„Nach stricken. Du strickst!"

„Nagel auf den Kopf getroffen! Deine Großmutter strickt. Deine Großmutter freut sich, dass ihr Enkel da ist, und nebenbei strickt sie."

„Und was strickst du?", will Peter wissen, während er seinen Fahrradhelm an den Lenker hängt.

„Ach, nichts Besonderes. Ein paar Eierwärmer. Zum Verschenken. Hat mit der Fahrt alles geklappt?"

„Null Problemo! Bin unten an dem Hühnerhof vorbeigeradelt, du weißt schon, da wo die vielen Hühner immer so durcheinandergackern, wenn jemand kommt. Puh, die machen vielleicht einen Lärm!"

„O ja, Hühner können wirklich laut sein", pflichtet Oma Lise ihm bei. „Vor allem die unten am Bach – ein Chor voller Schreihälse! Der Enkel von Frau Zambrotta gegenüber, der – na jetzt hab ich den Namen vergessen. Jedenfalls ist der auf seinen Rollschuhen da vorbeigefahren und hat wegen dem Gegacker so einen Schreck bekommen, dass er schnurstracks in die Brennnesseln gerollt ist. Der Arme!"

Die Oma blickt Peter fragend an: „Hunger?"

„Hmm." Peter legt sich prüfend die Hand auf den Magen. „Ein bisschen schon."

„Dann lass uns reingehen. Was würde der Herr Ausbüchser von Pfannkuchen halten?", fragt Oma, obwohl sie ganz genau weiß, dass sie damit voll ins Schwarze trifft. „Und dann erzählst du mir, was du … Also erzähl, was du erzählen willst!"

Während Oma Lise am Herd steht und einen Pfannkuchen nach dem anderen backt, schweigt sie geduldig. Sie wartet, bis Peter anfängt zu erzählen.

„Oma?", beginnt er schließlich zögernd. „Warst du gut in der Schule?"

„Ja, schon."

„Auch in Mathe?"

„Auch in Mathe, ja. Du wirst es nicht glauben, aber Rechnen hat mir sogar Spaß gemacht", sagt sie und gießt neuen Teig in die Pfanne. „Weißt du, ich hatte einfach das Glück, dass ich die Dinge in der Schule immer schnell kapiert habe."

Peter schaut aus dem Fenster.

„In Mathe bin ich immer der Letzte, der was kapiert", erzählt er. „Sogar der Toni und die Sarah sind schneller. Die haben wenigstens noch eine Vier bekommen. Und ich … ich kapier das immer nicht!"

Oma Lise wischt sich die Hände an ihrer Schürze ab und setzt sich zu Peter an den Tisch.

„Mama hat zu Papa gesagt, dass ich keine Leuchte bin. Ich bin aufgewacht, weil ich Durst hatte. Als ich mir was zu trinken holen wollte, saßen die im Wohnzimmer, haben ferngeguckt und so geredet."

Oma Lise schweigt. Sie fährt Peter mit der Hand über die Wange. Die Hand ist weich und riecht nach Pfannkuchen.

„Oma", sagt Peter. „Kann ich bei dir bleiben? Ich will nicht nach Hause."

5

Wo ist Peter?

Peters Eltern sind beide berufstätig. Der Vater arbeitet in einer Firma für Gartenmöbel. Peter hat immer noch nicht durchschaut, was sein Vater dort eigentlich macht. Irgendwas mit Werbung.

Peters Mutter ist in einer Firma angestellt, die Zahnpasta herstellt. Aber Peter hat keine Ahnung, was genau sie da arbeitet. Sie ist noch nicht lange dort, erst seit Ostern. In seiner Fantasie ist sie für das Auffüllen von Zahnpastatuben zuständig. Sie sitzt Tag für Tag auf einem Hocker und füllt mit einer ungeheuer großen Spritze Zahnpasta in kleine Tuben. Eine ganz gewöhnliche Zahnpastatuben-Auffüllerin!

Und sein Vater? Pah! Ein ganz gewöhnlicher

Gartenmöbelprospekte-Falter ist das. Mehr nicht. Zumindest in Peters Vorstellung.
 Jetzt gerade denken Peters Eltern allerdings nicht im Geringsten an Gartenmöbel oder Zahnpasta. Sie machen sich schreckliche Sorgen. Als sie von der Arbeit heimgekommen sind, war das Haus leer. Alles mucksmäuschenstill – kein Peter weit und breit. Auch keine Nachricht von ihm. Selbst seine Freunde und die Nachbarn wissen nicht, wo er steckt.

Spät am Abend greift Oma Lise zum Telefonhörer.
 Sie wählt, wartet, dann fängt sie leise an zu sprechen:
 „Hallo, ich bin's. Peter ist bei mir ... Um kurz vor zwölf mit dem Fahrrad. Er sitzt oben vor dem Fernseher ... Nein, lass ihn jetzt besser mal. Wie wär's denn, wenn er erst mal ein Weilchen hierbleibt? Er hat ja ohnehin Ferien ... Nein, glaub ich nicht. Lass doch die nächsten Tage mal ins Land ziehen ... Was ihr falsch gemacht habt? Seid ihr als Eltern denn stolz auf Peter? So, wie er ist? Mathe hin oder her?" Oma macht eine Pause. „Das wird schon wieder, Almut. Bestimmt!", sagt sie tröstend.

6

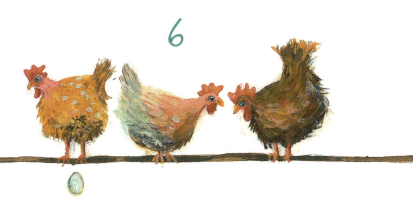

Nachts im Hühnerstall

Peter liegt oben auf dem alten Ohrensessel seines Opas und schläft. Wieder einmal träumt er komische Sachen:

Nein – leider falsch! Die richtige Lösung wäre sieben gewesen. 56 geteilt durch acht, das gibt sieben. Macht nichts. Gut, kommen wir zur nächsten Frage. Peter, du bist dran:
Deine Mutter füllt pro Tag 200 Tuben mit Zahncreme. Wie viele Tage braucht sie, bis sie 1000 Tuben fertig hat? Sind das
   a) fünf Tage
   b) zehn Tage oder
   c) 15 Tage?
Lass dir Zeit. Rechne in Ruhe, bevor ich die Ant-

wort einlogge. Wir machen so lange einfach ein bisschen Werbung. Und wenn Sie, liebe Zuschauer, wissen, wie lange die Zahnpastatuben-Auffüllerin Almut Baumbraun für 1000 Tuben braucht – rufen Sie an. Es gibt tolle Preise zu gewinnen. Die Telefonnummer sehen Sie unten eingeblendet. Bleiben Sie dran, bis gleich!

Ob zu Hause oder jetzt hier bei Oma – solche Sachen träumt Peter in letzter Zeit ziemlich oft. Und auch heute schreckt er mitten in der Nacht aus einem schlechten Traum auf. Im Haus ist alles still. Durstig tappt Peter in die Küche, um sich ein Glas Wasser zu holen. Vorsichtig, um die Oma nicht zu wecken, die gleich nebenan liegt. Er hält ein Ohr an ihre Tür. Nichts. Nur leises Schnarchen.

Es ist halb ein Uhr nachts, und Peter steht im Flur und ist traurig. Er denkt an die Schule, sein Zeugnis, seine Eltern. Er würde alles dafür geben, um ein guter Schüler zu werden. Vor allem ein Schüler, der gut rechnen kann!

Er beschließt, sich noch eine Weile aufs Bänkchen vor Omas Hühnerstall zu setzen. Und Sterne am Himmel zu zählen. Zur Übung.

„97, 98, 99 – 100. Fertig! Na, ihr Hühner, bei euch duftet's mal wieder." Peter öffnet den Hühnerstall und geht hinein.

„Ihr Schlafmützen! Ihr habt vielleicht Glück, dass der Opa nicht mehr lebt. Ich hab mal gese-

hen, wie er eine Kollegin von euch einen Kopf kürzer gemacht hat. Ach, wahrscheinlich könnt ihr euch gar nicht mehr an die Dame erinnern. Seid ihr überhaupt gut im Erinnern? Ich schon. Zum Beispiel weiß ich noch, dass der Opa immer so graue Hosenträger anhatte, auf denen unten ein kleines Flugzeug drauf war. Sogar bei seiner Beerdigung an Ostern hat er die getragen! Ihr seht, im Erinnern bin ich gut. Darin schon. Bloß im Rechnen nicht so richtig. Bin halt einfach keine Leuchte. Aber ich wäre gern eine. So richtig hell. Wie Opas Petroleumlampe. Genauso hell würde ich gern leuchten", sagt Peter und fängt an zu suchen.

„Opa hat die Lampe doch hier vorne immer stehen gehabt. Ah – da haben wir sie ja. Fehlt bloß noch ein bisschen Petroleum, dann habt ihr's schön hell hier. Aber ihr müsst ja schlafen, sonst gibt's krumme Eier. Okay, okay, lassen wir die Lampe aus." Peter schraubt die Flasche Petroleum auf.

„Puh. Riecht nicht gut!"
Eines der Hühner gackert laut auf.
„Ach, ihr habt's gut! Ihr müsst nie, nie, nie zur Schule. Ihr legt Eier, und das war's.

Könnt gemütlich auf eurer Stange sitzen bleiben und bekommt noch nicht mal Noten für eure Eier. Ihr habt vielleicht Glück!"

Plötzlich geht die Tür auf.

„Wer hat vielleicht Glück?"

Oma Lise steht direkt vor Peter.

„Oh, Oma! Wo ... wo kommst du denn her?"

„Von drinnen natürlich. Sag mal, mein Junge, was machst du denn um diese Zeit im Hühnerstall? Und was hast du mit dem Petroleum vor!?"

„Nichts."

„Ja heiliger Bimbam! Weißt du, wie gefährlich das ist? Willst du mir etwa den Stall abfackeln!?"

„Nein, nein, Oma. Ich ..."

„Ja?"

„Es ist nur, also ... Hab ich dir doch erzählt, weißt du. Weil es bei mir dunkel ist, verstehst du? Weil es bei mir doch da drin zappenduster ist." Peter klopft sich an die Stirn. „Und Petroleum, das macht so schön hell. Wie die Petroleumlampe vom Opa. Ich wollte nichts abfackeln, ehrlich. Ich will bloß gut sein in der Schule", erklärt Peter energisch.

„Du hast mir vielleicht einen Schrecken eingejagt. Aber es ist ja nichts passiert", sagt Lise Baumbraun erleichtert. Dann legt sie einen Arm um Peters Schulter und führt ihn aus dem Hühnerstall.

7

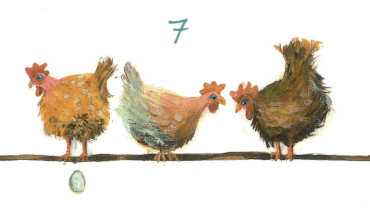

Hühner dürfen sitzen bleiben

Vor dem Hühnerstall setzen sich Großmutter und Enkel aufs Bänkchen und schauen in den Sternenhimmel.

„Mein Junge, die Schule – das lohnt sich nicht, deswegen graue Haare zu bekommen", fängt Oma an. „Die kriegt man noch früh genug. Guck mich an!"

„Deine sehen aber eher weiß aus."

„Frechdachs! Glaub mir, ich hab auch manchmal düstere Gedanken, wenn ich an Opa denke. Dann würde ich am liebsten auf der Stelle zu ihm. Weil er mir so sehr fehlt! Aber es gibt tausend Gründe, warum er sich noch gedulden muss, bis ich bei ihm bin. Zum Beispiel, weil es da jemanden namens Peter gibt, der mich braucht! Der im Hühnerstall sitzt und mit Petroleum herumspielt. So ein kleiner verrückter Schlingel. Den seine besten Freunde ab heute übrigens nicht nur Peter, sondern auch *Petroleo* nennen dürfen! Petroleo – dem ein Licht aufgegangen ist."

Peter kichert.

„Petroleo, die Leuchtrakete!", fährt Großmutter fort, und Peter fängt an zu lachen. Im Stall krächzt der Hahn, als würde er jeden Moment anfangen zu krähen.

„Petroleo, der so hell leuchtet, dass sogar unser Hahn sich fragt, ob etwa schon der Tag anbricht!"

„Petroleo, mein Leuchtturm im Hühnerstall", setzt Oma noch einen drauf. Da prustet ihr Enkel bereits vor Lachen. Und kann beinahe nicht mehr damit aufhören.

„Für mich bist du hell genug! Du bist genau richtig! So, wie du bist! Punkt und aus. Egal, was andere sagen."

Peter kommt langsam wieder zu Atem.

„Ehrlich?", fragt er.

„Ganz ehrlich!"

„Ehrenwort?"

„Großes Hühner-Ehrenwort!"

Die beiden blicken sich an.

„Ach, es ist schön, dass du hier bist", fügt Oma

hinzu. „Bei mir. Auch wenn du Gockel und Hennen vermutlich ganz schön durcheinandergebracht hast. Auf die Eier morgen früh bin ich gespannt!"

„Ui, ich auch! Die sind bestimmt ganz klein. Aber deine Hühner haben's wirklich gut, Oma. Dürfen im Garten rumspazieren und müssen nicht zur Schule. Legen ein paar Eier und kriegen dafür keine Noten. Die haben echt Glück!"

„Und wenn sie wollen", grinst Oma, „dürfen sie sogar sitzen bleiben! Auf ihrer Stange. Aber sobald's hell wird, gehen sie schon gern nach draußen. Sonst wird es ihnen zu langweilig. Hat aber ein Huhn mal einen schlechten Tag erwischt, dann darf es auch einfach sitzen bleiben!"

„Klasse! Bei Oma im Stall ist sitzen bleiben erlaubt. Und Noten verteilt auch keiner. Stell dir das mal vor, Oma, jeden Morgen würde einer kommen und Eiernoten verteilen!

‚Hanna, das wird langsam: 3 –.

Paula, tut mir leid, für das mickrige Ding – mehr als eine 5 + ist da nicht drin. Vor allem die Schale ist dir wieder mal überhaupt nicht geglückt. Da hilft nur üben, üben, üben.'"

„Du hast eine Fantasie, Junge!", sagt Oma beeindruckt. „In deinem Kopf ist es ganz bestimmt nicht zappenduster! Das kannst du mir glauben."

„Aber Mama und Papa, die Mathenoten: 5+, 5–, 4–5, 5–6. Alle Hefte sind voll damit."

„Ja, aber du strengst dich an – auch wenn du nicht so gut bist wie andere –, und wie! Und das zählt! Dass du nicht aufgibst. Man kann sich dann später immer sagen: Ich habe mir Mühe gegeben! Und das ist das Wichtige!"

„Aber vielleicht strenge ich mich noch nicht genug an."

„Quatsch, wer sagt denn so was?"

„Weiß nicht. Die Lehrerin. Und die Zahnpastatuben-Auffüllerin."

„Wer?", fragt Oma verwundert.

„Na, Mama", erklärt Peter.

„Ach, du meinst die Frau vom Gartenmöbelprospekte-Verteiler?"

Peter lacht auf.

„Ja", sagt er. „Genau die."

„Weißt du, ich glaube, dein Vater und deine Mutter machen sich viele Gedanken um dich. Und Sorgen. Sie meinen es bestimmt nicht böse. Außerdem hat deine Mutter zum Beispiel in Musik auch allerhöchstens mal eine Vier gekriegt. Du liebe Zeit, das war was!", amüsiert sich Oma Lise. „Keinen vernünftigen Ton hat sie getroffen als Kind. Und dein Vater, guck dir deinen Vater an! Meinst du, der hat im Sportunterricht einen Fuß sauber vor den anderen setzen können? Geräteturnen zum Beispiel, kannst du dir ihn etwa am Barren oder am Reck vorstellen? ,Holt mich hier runter!', hat er einmal gerufen. Davon erzählt deine Mutter noch heute."

Peter kichert.

„Haben die beiden sich schon damals gekannt?"

„Ja, seit der ersten Klasse. Weißt du", fährt Oma fort, „jeder Mensch kann etwas nicht, das die meisten anderen hinkriegen. Und andersrum aber genauso: Jeder kann etwas besonders gut, in dem wiederum die meisten anderen der sechs Milliarden Menschen nicht toll sind. Jeder hat seine Stärken und Schwächen. Und wenn man das zusammennimmt, dann hebt es sich auf. Keiner ist insgesamt gesehen besser als die anderen."

„Oder schlechter."

„Stimmt, oder schlechter."

Großmutter steht ächzend auf. „Aber es wäre auf jeden Fall besser, allmählich wieder ins Bett zu gehen. Was meinst du?"

„Okay, machen wir. Lassen wir die Hühner schlafen."

Die beiden gehen zurück ins Haus und bleiben noch einen Moment im Flur stehen.

„Du weißt, wenn du nicht einschlafen kannst, darfst du jederzeit an meine Tür klopfen. Nachts um zwei oder morgens um fünf, egal", sagt Oma und nimmt Peter in den Arm.

„Ja, mach ich."

„Geht's dir denn jetzt besser?"
„Ja, besser! Gute Nacht, Oma!"
„Gute Nacht, Leuchtturm!", ruft sie ihm hinterher, während er nach oben geht und sich vorstellt, wie sich das angehört haben könnte – seine Mutter im Musikunterricht.

Noch vor ein paar Stunden, zu Beginn der Nacht, hatte sich Peter unendlich schwer gefühlt – wie in all den Wochen davor.
Doch als er jetzt auf der Matratze Arme und Beine weit von sich streckt, merkt er, dass sich etwas verändert hat. Langsam breitet sich ein Gefühl in ihm aus, das er schon lange nicht mehr gespürt hat: eine Leichtigkeit. Eine federleichte Leichtigkeit. Innerhalb weniger Minuten kriecht sie in jeden Teil seines Körpers. In Arme und Beine, Ellbogen und Kniekehlen, in Nasenflügel und Ohrmuscheln, in Bauchnabel und Fingerspitzen. Ja, selbst in den Achselhöhlen und den Zehzwischenräumen spürt er plötzlich diese Leichtigkeit!
Er atmet ein paarmal tief aus und ein. Wenig später ist er eingeschlafen.

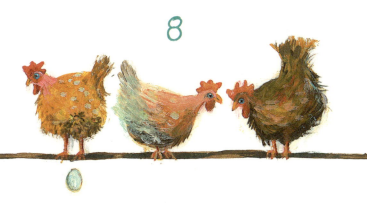

8

Die Welt steht kopf

Am nächsten Morgen wacht Peter auf, weil ihn plötzlich etwas an der Backe kitzelt. Er schlägt die Augen auf.

„Ich würde sagen, dieses Ei hier ist wirklich gelungen! Ein Prachtexemplar. Dafür kriegt die Helga von mir eine Eins. Guten Morgen, Petroleo! Was meinst du?"

Peter nickt Oma Lise verschlafen zu.

„Frühstück ist übrigens fertig!", sagt sie und zieht kurz an der Bettdecke. „Und da ist ein Brief für dich gekommen. Nicht mit der Post, er lag vor der Haustür."

„Für mich!?", fragt Peter. Aber da ist Oma schon wieder aus dem Zimmer.

Wenige Minuten später sitzt Peter unten am Frühstückstisch.

„Willst du ihn nicht mal aufmachen?", fragt die Großmutter.

„Weiß nicht", zögert Peter.

„Ist jedenfalls ein sehr schöner Umschlag."

„Was soll schon drinstehen?", sagt Peter und schlürft seinen Kakao.

„In schönen Umschlägen", meint Oma Lise, „stehen meistens auch schöne Sachen."

„Aber in dem hier? Glaub ich nicht." Peter hat so ein dumpfes Gefühl, dass der Brief von seinen Eltern sein könnte.

„Na ja, vielleicht überlegst du's dir und schaust später mal rein."

„Vielleicht."

„Du bist ein heller Kopf", sagt die Großmutter und lehnt den Umschlag sachte ans Marmeladeglas. „Du machst schon das Richtige."

Das Richtige machen ... In letzter Zeit hatte Peter oft das Gefühl gehabt, genau das nicht hinzubekommen! Sollte er zwei mit vier malnehmen, kam zehn raus. Musste er von 15 drei abziehen, blieben elf übrig. Fragte man ihn, was sechs geteilt durch zwei gab, sagte er vier.

An diesem Morgen weiß er jedoch eines ganz genau: Das wird ein Tag, an dem er nichts, aber auch gar nichts richtig machen will! Heute macht er alles anders, als Menschen es normalerweise tun!

Beim Zähneputzen benutzt er keine Zahncreme, sondern Nutella. Statt zu duschen, stellt er sich fünf Minuten in die wirbelnde Luft des Ventilators. Während des Essens redet er erst, wenn der Mund gestopft voll ist. Die Sandalen trägt er verkehrt herum – linke Sandale am rechten Fuß, und rechte Sandale am linken Fuß. Am Kiosk kauft er sich für knapp vier Euro Brausestangen. Und schließlich guckt er drei Stunden fern. Bei der Wettervorhersage stellt er mit Omas Hilfe den Apparat auf den Kopf, sodass Stuttgart im Norden ist und Hamburg im Süden – und es regnet da, wo eigentlich die Sonne scheint.

Einen ganzen Tag lang stellt Peter seine Welt auf den Kopf! Und immer wieder lacht er – lauthals und von ganz tief drinnen. Beinahe so, dass die Wände wackeln. Und wenn ab und zu die Oma ins Zimmer schaut, wird sie geradewegs davon angesteckt. Das Haus ist voller Leben. Die beiden fühlen sich großartig!

9

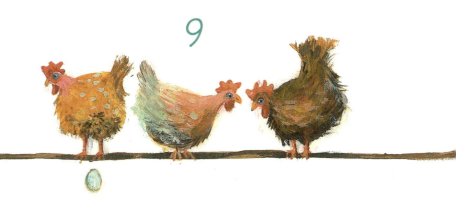

Toni

Nach dem Abendbrot will Peter noch nicht gleich ins Bett. Großmutter will noch in Ruhe ein längeres Telefonat führen, und Peter beschließt, sich draußen auf die kleine Bank zu setzen und eine letzte verkehrte Kleinigkeit auszutüfteln. Schon nach wenigen Minuten hat er eine Idee:

„Ja! Genau, das mach ich! Normalerweise holt man die Kirschen vom Baum herunter. Aber ich könnte doch einfach welche hochhängen! Au ja, Obst in den Baum hängen, das ist gut! Oma wird Augen machen, wenn sie morgen früh die Hühner aus dem Stall lässt!"

Mit leisen Schritten geht Peter zurück ins Haus. Er holt zwei Hände voll Kirschen, einen Apfel, sieben Bananen und eine Rolle Tesafilm.

Kurze Zeit später sitzt er oben im Kirschbaum, der ratzeputz leer ist, weil er vor ein paar Tagen abgeerntet wurde.

Dann fängt er an, eine Kirsche nach der anderen in den Baum zu hängen und mit Tesafilm an den Zweigen zu befestigen. Es folgen die sieben Bananen und zu guter Letzt der Apfel.

„Oma wird staunen morgen früh! Zwei Kirschen und noch mal zwei und – ach, keine Lust zu rechnen!"

Langsam wird es dunkel. Peter ist ganz mit sich zufrieden, als er plötzlich Schritte hört.

Die Schritte kommen näher und näher. Dann herrscht Stille.

Peter beugt sich ein Stück nach vorne, um sehen zu können, wer da ist. Auf einmal fängt einer der Äste leise zu knarzen an, es knackt – und plötzlich fällt der Apfel hinunter und schlägt mit einem dumpfen Knall dem Unbekannten auf den Kopf.

„Autsch! Che cos'è? Eine Apfel?", flucht der Unbekannte. „Mamma mia! Eine Apfel von die Kirschbaum. Incredibile!"

Für einen Moment ist es ruhig.

Doch als der Ast wieder zu knarren beginnt, ruft der Unbekannte: „Ah, aiuto, bitte nicht noch mal schießen!"

„Die Stimme kenn ich doch!", sagt Peter. „Los, sag noch mal was!"

„Noch mal was sagen? Regnet es Äpfel, und habe ich keine Schirm für über die Kopf!"

„Toni?", fragt Peter verwundert.

„Ja, natürlich. Ich bin Toni."

„Was ... was machst *du* denn hier?"

„Was machste *du* denn hier! Du sitzt auf die Baum und schmeißt mit die Äpfel!"

„Tut's noch weh?"

„Bisschen."

„Tut mir leid, das wollte ich nicht. Ich habe nur etwas Obst in den Baum gehängt. Aber der Baum will's wohl nicht haben."

„Cosa?", fragt Toni.

„Komm doch hoch, dann zeig ich's dir!"

Wenige Augenblicke später sitzt Toni oben im Baum. Er staunt nicht schlecht, als er die Bananen sieht – wo in Deutschland doch nirgends Bananen wachsen. Schon gar nicht auf Kirschbäumen.

Peter erzählt ihm, was los ist. Ab und zu nickt Toni, manchmal fragt er nach. Und Peter merkt, dass Toni ihn versteht.

Seit Anfang des Schuljahres ist Toni in Deutschland. Er kam geradewegs aus einem kleinen italienischen Dorf in Peters Parallelklasse.

Die beiden sitzen eine halbe Ewigkeit oben im Baum und plaudern. Toni findet die Idee, Obst in den Baum zu hängen, auch richtig gut. Dann zeigt Peter ihm den noch immer verschlossenen Briefumschlag.

„Brauchst du keine Angst haben. Lass mich mal sehen", sagt Toni.

„Ah, gibt's doch nicht!" Toni kramt in seiner Hosentasche. „Hier, guck das an, habe ich eine Brief geschrieben, zu ein Freund nach Italia, die ist faste gleich mit die Farbe! So bunt un so. Wenn das is bunt, dann is das eine schöne Brief. Innen drin. Sicuro."

„Das hat meine Oma auch gesagt. Aber ich will ihn trotzdem nicht lesen!"

„Okay, klar wie die Kloßbrühe! Du liest ihn später, kann ich dir sagen. Kann ich machen eine Wette mit dir!"

Peter winkt ab. „Erzähl mal lieber, was du eigentlich in Omas Garten zu suchen hast."

„Meine Oma wohnt nächste und noch mal nächste Haus. Hat sie gesprochen mit deine Oma vorhin. Hat meine Oma zu ihr gesagt: ‚Hallo, Frau Braumbaun!' Habe ich gedacht Braum-baun? Baum-baun! Baum-braun, das ist der gleiche Name wie von dir. Hat sie gesagt, dass du da bist wegen die Ferien. Ich wollte einfach nach dir gucken!"

„Wie heißt denn deine Oma?"
„Zambrotta."
„Ah!", kichert Peter. „Dann bist du das also, der heute in die Brennnesseln gefallen ist."
„Nein." Toni verzieht das Gesicht. „Das war gestern."
„Du Armer! Geht's denn besser?"
„Ja, doch. Das isse nicht so schlimm." Toni schüttelt den Kopf, als plötzlich Schritte zu hören sind.
„Pst! Ich glaube, da kommt meine Oma! Los, die überraschen wir."

10

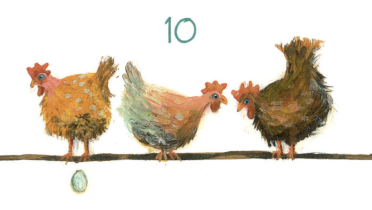

Der Banapfkirschtrone-Baum

Die Schritte kommen näher. Direkt unter dem Baum, auf dem die beiden Jungen sitzen, hören sie auf. Stille.

„Hallo?", hören die beiden Oma Lise rufen. Sie antworten nicht.

„Petroleo? Bist du da irgendwo?"

Wieder keine Antwort. Oma Lise leuchtet mit der Taschenlampe über den Boden.

„Was ist denn das? Warum liegt denn hier ein Apfel rum? Hm."

Und dann passiert, was passieren musste. Eine der Bananen löst sich. Die größte und schwerste. Sie fällt vom Ast ab, dreht sich in der Luft wie ein

Bumerang und plumpst schließlich mitten auf Großmutters Kopf.

„Autsch!", kreischt Oma Lise erschrocken. „Was war denn das? Eine Banane!?"

Peter zögert. Für einen Moment weiß er nicht, ob Großmutter sauer ist. Oder vielleicht sogar verletzt. Doch dann denkt er an den gestrigen Abend bei den Hühnern und wie nett sie war. Und er ist sich sicher, dass Oma so etwas locker wegsteckt.

Er ruft hinunter: „Alles klar, Oma?"

„Ja, ja. Sag mal, was machst du denn da oben?"

„Ähm, warte, wir kommen runter."

In Windeseile stopfen Toni und Peter die Briefe in ihre Hosentaschen und hangeln sich nach unten. Oma leuchtet die beiden kurz mit

der Taschenlampe an und schüttelt den Kopf. Dann senkt sie die Taschenlampe.

„Ich wollte Obst raufhängen. Der Baum war so leer, da dachte ich, du freust dich vielleicht, wenn ich ihn ein bisschen auf Vordermann bringe. Also, ich meine, wenn du das morgen früh siehst. Das viele Obst …"

„Eine Banane!", lacht Oma kurz auf. „Du bist mir vielleicht ein Früchtchen."

„Hallo, Frau Braumbaun", meldet sich Toni zu Wort. „Haben Sie auch keine Schirm gehabt, oder? Wie ich. Gucken Sie mal da." Er fährt mit dem Finger in seine Haare. „Die Hügel auf meinen Kopf."

„Hallo, Toni. Das ist aber höchstens eine Minibeule. Kein Hügel. Aber du hast das Pech ja wirklich gepachtet zurzeit – erst Brennnesseln von vorn, jetzt Obst von oben. Sag mal, macht Petroleo in der Schule eigentlich auch immer so verrückte Sachen?"

„Wer?", fragt Toni verwundert. „Pedroleo?"

„Das ist Peters neuer Spitzname. Zumindest bei mir."

„Ah, capito. Pedro-Leo. Pedro und Leo! Das ist gut. Pedro, ich kenne auch eine, der heißt so. Eine Freund in San Castellvano. Und da gibt's noch Luca und Franco. Meine Freunde in Italia. Buoni amici."

Peter und Oma Baumbraun blicken Toni an.
„Vermisst du sie manchmal?", fragt Peter vorsichtig.
„Ja, manchmal, manchmal sogar viel. Aber geht: ein Pedro hier, ein Pedro dort! Das sind zwei. Und hier in Deutschland sogar noch ein Leo dazu! Gratis!", fasst Toni schmunzelnd zusammen. Und dann fangen alle drei an zu lachen.

Eine Stunde später sieht der Kirschbaum aus, wie noch nie irgendwo auf der Welt ein Kirschbaum ausgesehen hat. Es ist nämlich nicht bei den von Peter hochgehängten Früchten geblieben! Oma Lise, Peter und Toni stehen mit der Taschenlampe im Garten und leuchten den Baum hinauf. Da hängen Äpfel, Bananen, Zitronen und Kirschen. Alle schön gleichmäßig verteilt. Eine ganze Weile lang sagt keiner ein Wort. Sie stehen einfach nur da und sind wahnsinnig stolz auf ihre Erfindung: den ersten Banapfkirschtrone-Baum der Welt!

Irgendwann holt Oma ihren Fotoapparat aus dem Haus und fängt an zu knipsen. Sie jagt ununterbrochen kleine Blitze durch den Himmel, während Toni und Peter sich in Pose werfen wie bei einem Pressetermin – mal lässig am Stamm lehnend, mal atemlos am Ast hängend, dann kichernd vor dem Baum hockend, den Arm um die Schulter des anderen gelegt. Und hätten sie irgendwo noch eine Melone auftreiben können, dann würde die jetzt wohl auch am Baum hängen. Am Stück. Oder eben in Scheiben.

11

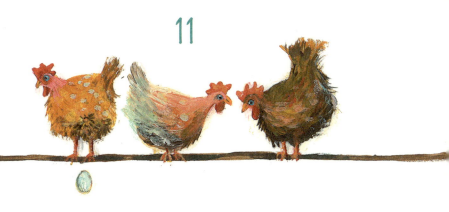

Verwechslung

Spätabends liegt Peter im Bett und ist glücklich.

Lange hat er nicht mehr so viel Spaß gehabt! Er streckt alle viere weit von sich, schließt die Augen und spürt dabei wieder diese Leichtigkeit. Diese federleichte Leichtigkeit. Bis in die Zehenspitzen! Sogar stärker als am Abend davor.

Dieses Gefühl sagt ihm, dass er jetzt für den Brief bereit ist.

Peter geht zum Stuhl, über dem seine Hose hängt. Er greift in die Hosentasche, zieht den Brief heraus und huscht zurück ins Bett. Ohne zu zögern, reißt er den Umschlag auf und beginnt zu lesen:

Mio amico Pedro, come stai? Speriamo bene.

Peter versteht kein Wort. Was soll das?

Io sono a casa di mia nonna a Unterlagersbach.

Ein Brief auf Italienisch? Von seinen Eltern? Papa kann ein paar Brocken Englisch und Mama Französisch. Aber Italienisch? Unmöglich!

Unterlagersbach, liest er weiter, *il paese vicino, tu certamente non lo conosci, Pedro!*

Wieso überhaupt Pedro? Hat Oma den Eltern seinen neuen Spitznamen verraten? Haben sie ihn gleich benutzt – noch dazu gekürzt und Leo einfach weggelassen? Das kann er sich noch weniger vorstellen.

Und warum sieht Mutters Schrift plötzlich so schief aus?

Es gibt eigentlich nur eine Erklärung, die Sinn macht: Dieser Brief hier ist gar nicht für ihn bestimmt! Sondern für Pedro, Tonis spanischen Freund in Italien. Oben im Baum müssen sie die beiden Briefe vertauscht haben. Tatsächlich, vorne auf dem Umschlag steht:

Pedro Gomez, Strada Caramella 8, 3790 Castellvano, Italia.

Unglaublich! Seit Peter den Brief seiner Eltern bekommen hat, ist er unruhig, was wohl drinsteht. Und jetzt, wo er sich trauen würde, ihn zu lesen, ist der Brief plötzlich nicht mehr hier, sondern ein paar Häuser weiter in der Hosentasche von Toni Canofero.

Zunächst ist Peter enttäuscht, den falschen Brief in Händen zu halten.

Vor allem, als ihm klar wird, dass er bis morgen warten muss, um an den richtigen Brief zu kommen.

Doch dann muss er kichern. Er stellt sich vor, wie es zu dieser Verwechslung gekommen ist. Er schließt die Augen und erinnert sich an den zurückliegenden Tag – von Anfang bis Ende. Kurz danach ist er eingeschlafen.

Peter träumt wieder mal Verrücktes:

EXTRABLATT! EXTRABLATT!
Durchgeknallt? Kinder erfinden Banapfkirschtrone-Baum! Die neuesten Berichte aus dem Garten in der Schuhmannstraße.
Lesen Sie selbst!

UNGLAUBLICH!
Der Banapfkirschtrone-Baum jetzt sogar mit Himbeermelone-Zweigen! Wir zeigen brandneue Fotos.

Der Erfinder Peter Baumbraun im Interview! Wie kommt er mit dem Erfolg zurecht? Was sagen seine Eltern dazu? Mehr dazu auf Seite drei.

Ein Kind wie eine Leuchtrakete! Baumbraun junior beeindruckt Showmaster. Günther Jauch sprachlos: Dieses Kind ist unglaublich!

12

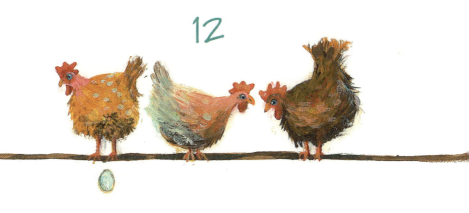

Das Duell

Am nächsten Morgen ist Peter guter Laune. Er geht in die Küche. Der Frühstückstisch ist gedeckt, doch die Großmutter ist nicht da. Alles ist still. Es liegt auch nirgends eine Nachricht von ihr. Auf einmal meint Peter, Stimmen zu hören. Vorsichtig öffnet er das Fenster und guckt hinaus. Und dann staunt er nicht schlecht. Oma Lise steht im Garten und ist gerade dabei, ein paar älteren Damen aus der Nachbarschaft einen Vortrag über den Banapfkirschtrone-Baum zu halten. Sie gerät dabei richtig ins Schwärmen. Die Damen nicken anerkennend und lassen sich am Ende sogar zu einem kleinen Applaus hinreißen. Peter setzt sich mit seiner Tasse Kakao ans Fenster und lauscht. Als das Spektakel zu Ende ist und sich die meisten

Nachbarn auf den Heimweg machen, geht er in den Garten.

„Guten Morgen, Petroleo! Darf ich vorstellen, das ist Frau Sommer, eine Freundin von mir."

„Hallöchen, guten Morgen, Petroleochen. Menschenskinder, also, der Baum ist wirklich superklasse geworden! Echt wahr. Geht der jetzt etwa in Serienproduktion?", flachst Frau Sommer. „Also ich würde sofort so ein Bäumchen kaufen."

„Ähm, also, tja."

„Ich muss leider weiter. Tschüsschen, ihr zwei!"

Und weg ist sie. Aufs Rad gestiegen und aus dem Hof gebrettert.

Oma Baumbraun schüttelt den Kopf.

„Du, Oma? Der Brief, ich glaube, da ist was Blödes passiert", druckst Peter herum. „Er ist weg."

„Wie, weg?"

„Guck hier, den hatte ich gestern Abend in der Tasche. An Pedro Panino. Verstehst du? Toni und ich haben unsere Briefe vertauscht!"

„Nein, ihr seid mir zwei! Na, aber du hast den Brief von Toni wohl hoffentlich nicht gelesen? Briefgeheimnis, du weißt schon."

„Oma! Der ist doch auf Italienisch! Ich habe angefangen zu lesen, aber natürlich kein Wort verstanden."

„Klar. Natürlich."

„Ich geh am besten gleich mal rüber zu Toni."

„Ja, mach das."

Auf halber Strecke kommt ihm Toni bereits entgegen. Auch er hat einen Brief dabei. Langsam schreiten sie aufeinander zu. Wie bei einem Duell.

Noch zwanzig Meter trennen sie. Ihre Schritte werden immer langsamer. Sie bewegen sich wie in Zeitlupe. Noch fünfzehn Meter. Keiner von beiden blickt zu Boden. Noch zehn Meter. Die Straße ist staubig – und Unterlagersbach plötzlich eine Stadt im Wilden Westen. Fast könnte man meinen, die Drehtür eines Saloons im Hintergrund quietschen zu hören. Die beiden bleiben stehen. Schweigen.

Sie blicken sich tief in die Augen. Die Zeit steht still.

Einer der beiden zieht lässig die Augenbrauen hoch und ruft:

„Hey, Cowboy! Du willste *das* hier haben?"

Woraufhin der andere erwidert: „Duellante ohne Pistole? Pah! Hau ab, Schurke!"

Und dann reißen sie ihre Briefe hoch und feuern ihre Wörter ab. Von links und rechts zischen Begriffe durch die Luft:

„Baumbrauno!" – „Toni Limoni!"

„Limone!" – „Banana!"

„Ristorante!" – „Caramella!"

„Piazza!" – „Pizza!"

Die Schießerei dauert jedoch nicht sonderlich lange, denn beide fangen zu lachen an. Ein kräftiges Prusten, das man die Straße rauf und runter hört.

Kurze Zeit später tauschen Peter und Toni die Briefe aus, geben sich die Hand und verabreden sich für später.

13

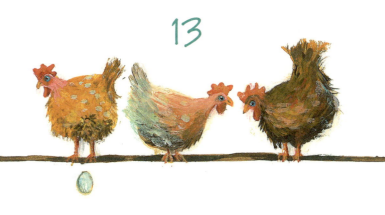

Der Brief
und Verabredung im Freibad

Während Peter mit dem Brief zurückgeht, zieht er das Blatt aus dem Umschlag und faltet es auseinander. Dann setzt er sich auf die Bordsteinkante und holt einmal tief Luft. Er beginnt, den Brief zu lesen.

Dienstag, 31. Juli

Mein lieber Peter,
ich weiß jetzt gar nicht genau, womit ich anfangen soll. Vielleicht damit, dass ich Dir sage, dass Papa und ich viel nachgedacht haben. Bitte hör nicht gleich auf, sondern lies weiter, ja? Wir hoffen sehr, dass es Dir gut geht bei Oma. Eigentlich

wollen wir ja, dass es Dir zu Hause gut geht. Bei uns. Aber wir haben jetzt einigermaßen verstanden, warum Du abgehauen bist. Na ja, zuerst nicht. Da waren wir durcheinander, weil wir einfach nicht erkannt haben, was mit Dir los ist. Aber dann haben wir viel geredet, gestern lange, heute lange, ein paarmal auch mit Oma, und ich glaube, jetzt wissen wir es. Vielleicht verstehen wir noch nicht alles, aber vielleicht hilfst Du uns noch ein bisschen weiter, damit wir ollen Dösköppe das auch ganz kapieren.

Herzlich, Mama

PS: So, der jetzt hier schreibt, bin ich, Dein Papa. Wir haben schon dreimal mit Oma telefoniert, und jedes Mal sagt sie, wie froh sie ist, dass Du bei ihr bist! Sie klingt viel frischer als in den Monaten zuvor. Wie machst Du das bloß? Schickst Du sie jeden Morgen unter die kalte Dusche? Musst Du uns unbedingt verraten.
Was ich noch loswerden will: Wir würden uns gerne morgen mit Dir im Freibad treffen. Was meinst Du? Ich glaube, Deine Mutter und ich haben nicht alles richtig gemacht.

Papa

Nach dem ersten Durchgang liest Peter den Brief gleich noch ein zweites und dann noch ein drittes Mal.

Wieder zurück in Großmutters Küche, faltet er das Papier sauber zusammen und steckt es hinten in die Hosentasche.

„Noch einen Schluck Kakao?", fragt Oma.

Aber Peter schüttelt nur den Kopf und ist schon unterwegs zum Telefon. Er legt die Hand auf den Hörer, er will schon wählen, doch dann hält er inne. Mehrere Minuten lang. Soll er wirklich anrufen? Haben seine Eltern sich tatsächlich geändert? Der Brief ist nett, sogar sehr nett. Aber kann er ihren Worten vertrauen?

Er beschließt, seine Eltern um einen kleinen Beweis zu bitten. Etwas, das ihm zeigt, dass sie es wirklich ernst meinen.

„Gute Idee", sagt Großmutter. „Ein Beweis – mach das."

Dann fängt Peter an zu wählen.

74398.

Es tutet.

Einmal, zweimal, dreimal.

Dann nimmt seine Mutter den Hörer ab.

„Endlich rufst du an", sagt sie erleichtert. „Ich habe gedacht, du willst uns gar nicht mehr wiedersehen." Dann reden sie eine Weile hin und her.

Peter erzählt die Geschichte mit dem vertauschten Brief. Die Mutter lacht, und im Hintergrund kann Peter Papa kichern hören. Der Lautsprecher ist an, sein Vater kann mithören. Deshalb sagt Peter laut:

„Hallo, Papa!"

„Tag, Kleiner!", ruft Peters Vater aus dem Hintergrund. „Wie sieht's denn aus – so insgesamt?"

„Gut."

„Schön", sagt Peters Vater. „Und heute? Wie sieht's da aus bei dir?"

„Du meinst mit Freibad?", kommt ihm Peter entgegen. „Ja, auch gut. Oma hat einen Termin in der Stadt, da nimmt sie mich mit und setzt mich am Freibad ab."

„Klasse", sagt die Mutter.

„So um zwei?", schlägt Peter vor.

„In Ordnung! Wir freuen uns sehr!"

„Und ihr denkt an den Beweis?", sagt Peter noch.

„Wie besprochen!", sagt seine Mutter.

Dann legt Peter auf.

Er atmet tief durch.

Der Brief hat ihm gefallen. Das Telefonat auch. Und selbst wenn er nicht genau weiß, wie es sein wird, wenn er seine Eltern trifft. Er spürt, dass sie sich bemühen. Und er glaubt wieder ein bisschen mehr daran, dass sie ihn lieb haben. So, wie er ist.

Auch Oma sagt das. Außerdem meint sie, dass sie ihm da noch was beichten muss:
„Ich habe ein paarmal mit deinen Eltern telefoniert. Aber das ist hoffentlich in Ordnung. Sie haben sich einfach solche Sorgen gemacht. Ich glaube, deine Eltern haben kapiert, was wirklich wichtig ist."
„Schon okay, Oma", sagt Peter und legt für einen Moment seine Hand auf ihren Arm.

Wenig später sitzen die beiden in Omas alter Karre und fahren los.
„Sobald der Termin mit dem Pfarrer vorbei ist, komme ich auch ins Freibad. Bist du aufgeregt?", fragt Oma.
„Nö, na ja, es geht. Ein bisschen schon. Auch wegen des Beweises, du weißt schon."
Oma nickt.
„Toni ist auch schon ganz gespannt, was das sein könnte", sagt Peter. „Ich war vorhin noch einmal schnell bei ihm drüben."
„Ihr zwei seid fast schon so etwas wie Freunde, oder täuscht sich deine Oma da?"
„Nö", grinst Peter, „da täuscht sich meine Oma nicht!"
Hinter ihnen hupt ein Auto, weil Oma wie immer nicht sonderlich schnell fährt, wenn sie nebenher redet.

„Ja, ja, ich fahr ja", schüttelt Oma den Kopf. „In *Drängeln* würde der hinter uns eine glatte Eins bekommen."

Peter lacht.

„Bei dem Termin mit dem Pfarrer", sagt er schließlich, „redet ihr da eigentlich viel über Opa?"

„Ja, schon. Aber nicht nur! Wir reden über allerhand Sachen. Das tut mir gut; ihm aber auch! Vor allem, wenn er so tolle Sachen zu hören kriegt wie heute. Banapfkirschtrone-Baum! Der wird Ohren machen!" Oma Lise bekommt leuchtende Augen.

14

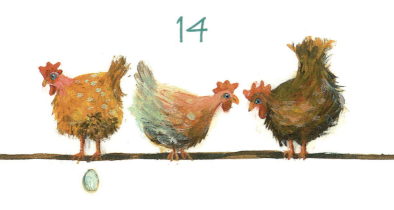

Federerleichte Leichtigkeit

Im Freibad ist die Hölle los: Sommerferien, 29 Grad, blauer Himmel. Auf dem ganzen Gelände herrscht ausgelassenes Treiben: Alle sind froh, die Schule für ein paar Wochen hinter sich zu haben.

Peter sitzt mit seinen Eltern auf einer Decke im Schatten.

„Hast du dich gefreut über unseren Brief?"

Peter nickt. „Der war nett!"

„Wir waren ganz schön ungerecht dir gegenüber, oder? Mein Gott, was haben wir für Bretter vorm Kopf gehabt! Wir haben nicht gemerkt, dass du dir alle Beine ausreißt, um besser zu werden. Nachdem wir vorgestern das erste Mal mit Oma telefoniert haben und sie uns ordentlich den Kopf

gewaschen hat, da habe ich mich wirklich geschämt."

„Wofür?"

„Dass wir dir nicht den Rücken gestärkt haben. Und einfach nicht gesehen haben, dass es dir nicht gut geht. Wir waren nicht für dich da, als du uns gebraucht hast."

Peter hört gespannt zu.

„Klar würden wir uns freuen, wenn du in Mathe etwas besser werden würdest. Aber wenn nicht, dann ist es eben so. Und als uns Oma von dir erzählt hat, also, wie sie geschwärmt hat von dir, das war so beeindruckend! Da haben wir endlich wieder gemerkt, was wir an dir haben. Wir hätten dir nicht so viel Druck machen dürfen!"

„Schon", bestätigt Peter. „Wisst ihr, bei Oma im Stall ist mir aufgefallen, wie gut es ihre Hühner haben. Die können einfach auf der Stange sitzen bleiben, wenn sie wollen. Ab und zu legen sie mal ein Ei und kriegen keine Noten dafür."

Die Eltern brechen in schallendes Gelächter aus: „Stimmt. Wie bei den Hühnern, das würde uns allen gefallen. Weißt du, was nämlich so toll daran ist? Dass die Hühner es sich aussuchen können, ob sie gemütlich im Stall bleiben oder im Hof herumgackern."

Während Papa noch immer über die Vorstellung, ein Huhn zu sein, lacht, wird Mama ernst:

„Wir wollen dir damit sagen, dass sitzen bleiben kein Drama ist! Du bist ein toller Mensch, Mathe hin oder her. Oma hat recht, du wirst deinen Weg schon gehen."

„Das heißt, ihr lasst mich in Ruhe mit Rechenaufgaben?"

„Ja, ziemlich. Aber ganz ohne Rechnen und Lernen wird's halt leider auch nicht gehen."

Peter seufzt, zögert, und dann nickt er.

„Aber für die nächsten Wochen", sagt Mama, „ist Erholung angesagt."

Almut Baumbraun öffnet ihre Tasche und zieht ein kleines Heft hervor. „Wir haben dir übrigens was mitgebracht."

„Mein Zeugnis?", fragt Peter irritiert.

„Wirf doch mal einen Blick rein."

„Kenn ich doch. Ich weiß, was da drinsteht."

„Glaubst *du!*" Die Mutter zieht bedeutungsvoll die Augenbrauen nach oben.

„Na gut."

Peter nimmt das Heft in die Hand und schlägt es auf.

Das oberste Blatt ist ein anderes. Es ist ein kräftiges Papier, auf dem mit schönen Farben verschiedene Noten eingetragen sind. Noten für ganz besondere Fächer. Ein Lächeln huscht über Peters Lippen.

Da ist zu lesen:

Nettsein: 1
Mit anderen teilen können: 1–2
Fußballspieler mit Namen kennen: 1
Singen: 1–2
Tauchen: 1–
Trösten: 1–2
Kuchenessen: 1+
Hühner am Einschlafen hindern: 2+
Fantasie: 1
Geduld: 1–2
Kirschbäume schmücken: 1
Oma so richtig in Fahrt bringen: 1

Und drunter stehen zwei Unterschriften: eine von Mama, eine von Papa, und außerdem noch zwei offizielle Stempel – ein Gartenmöbelhändler-Stempel und ein Zahnpastafirmen-Emblem.

Sie haben an den Beweis gedacht!

Peter ist ganz schön erleichtert und gerührt. Seine Eltern übrigens auch.

Die drei sitzen noch eine ganze Weile auf der großen Picknickdecke im Gras und lassen sich die Sonne auf den Bauch scheinen. Langsam finden sie wieder einen Draht zueinander. Sie plaudern über dies und jenes, und irgendwann überlegen sie, wie die Ferien weitergehen.

„Wenn du möchtest, kannst du noch eine Weile bei Oma bleiben."

„Hmm", grübelt Peter. „Wie wär's denn, wenn ihr auch noch eine Weile zu Oma kommt?"
„Gute Idee!", meint Mama und lächelt.
„Na, da machen wir es aber wie du", sagt Papa.
„Wir stehen morgens ganz früh auf und kommen mit dem Rad!"
Sie sind sich einig. Und während Mama dabei ist, sich mit Sonnenmilch einzucremen, fragt Peter: „Wollen wir noch 'ne Runde ins Wasser, Papa?"
„Ins Wasser? Und ob!"
Die beiden laufen in Richtung Becken. Nachdem sie sich abgebraust haben, fragt Peter den Vater: „Wie wär's mit einem Sprung vom Dreier?"
„Vom Dreier? Ich? Ne, das ist nichts für mich. Mach du lieber mal."
Und dann geht Peter die Stufen hinauf. Er stellt sich ganz nach vorne an den Rand des Brettes und fängt langsam an zu federn.

Und dabei merkt er ganz deutlich: Da ist sie wieder, sogar oben auf dem Dreier, die Leichtigkeit, diese federleichte Leichtigkeit. In Armen und Beinen, Ellbogen und Kniekehlen. In Nasenflügeln und Ohrmuscheln, im Bauchnabel und in den Fingerspitzen. Sogar in den Achselhöhlen und den Zehenzwischenräumen spürt Petroleo diese Leichtigkeit, während er federt und federt, kraftvoll abspringt – und schließlich eintaucht ins angenehm kühle Wasser.

Bibliografische Information: Deutsche Nationalbibliothek
Die Deutsche Nationalbibliothek verzeichnet diese
Publikation in der Deutschen Nationalbibliografie;
detaillierte bibliografische Daten sind im Internet
über http://dnb.d-nb.de abrufbar.

Es ist nicht gestattet, Abbildungen dieses Buches
zu scannen, in PCs oder auf CDs zu speichern oder
in PCs/Computern zu verändern oder einzeln oder
zusammen mit anderen Bildvorlagen zu manipulieren,
es sei denn mit schriftlicher Genehmigung des Verlages.

© 2008 Pattloch Verlag GmbH & Co. KG, München

Herstellung, Layout und Satz: Michaela Lichtblau
Umschlaggestaltung: Daniela Meyer
Lektorat: Annemarie Boudart
Reproduktion: Repro Ludwig, A-Zell am See
Druck und Bindung: Offizin Andersen Nexö, Leipzig
Printed in Germany

ISBN 978-3-629-01424-5

Bitte besuchen Sie uns im Internet: www.pattloch.de

Friederike Wilhelmi
Annika Meier

112 Seiten
mit farbigen Illustrationen
978-3-629-01419-1

Vier Engel in abenteuerlicher Mission

Da liegt ein kleines Mädchen im tief verschneiten Wald und droht zu erfrieren.
Als die vier jungen Engel Jantobus, Bendras, Matuschka und Annabill im Unterricht durch das Erdenfernrohr Charlotte entdecken, sind sie in heller Aufregung. Warum unternimmt denn keiner der großen Schutzengel etwas? Obwohl es den Schülern strengstens verboten ist, beschließen die vier Engel von Wolke Sieben, die Sache selbst in die Hand zu nehmen.

PATTLOCH